8° L³
247 h

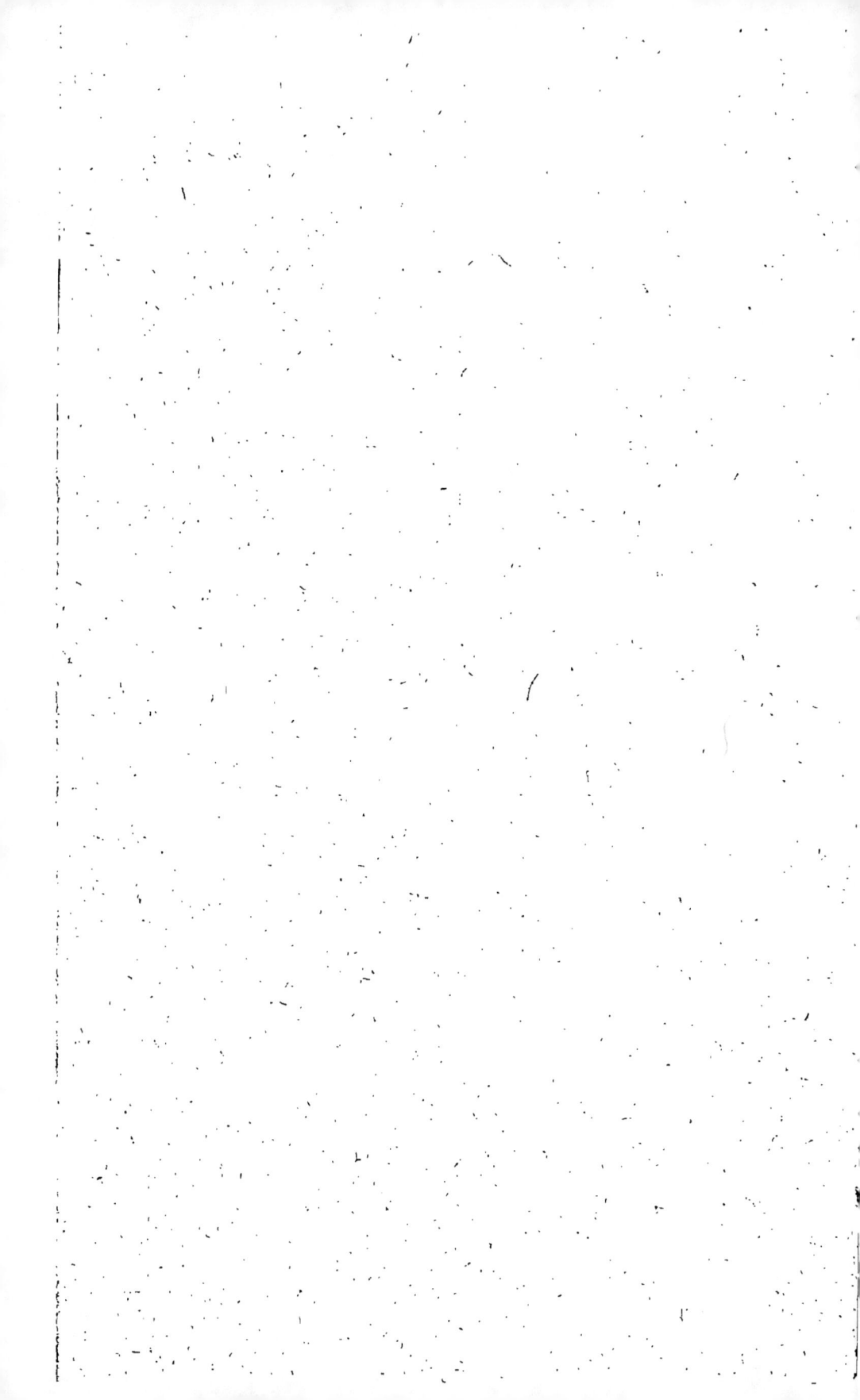

GUERRES SOUS LOUIS XIV.

5ᵉ SÉRIE IN 12.

Turenne.

5ᵉ in-12.

GUERRES

SOUS LOUIS XIV

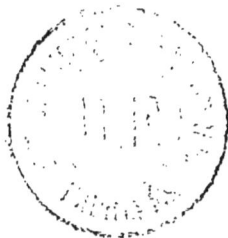

PAR

A. de Villeneuve.

LIMOGES

EUGÈNE ARDANT ET Cⁱᵒ, ÉDITEURS.

GUERRES

SOUS LOUIS XIV

Louis XIII, le fils de notre Henri IV, vient de mourir, et le cardinal de Richelieu, son habile ministre, l'a précédé, juste d'un an, dans la tombe.

Et cependant une guerre, *la Guerre de Trente ans*, occupe la France depuis longtemps déjà.

Quand un royaume puissant jouit de la paix, il n'est pas question de grands capitaines. Il semble qu'ils se reposent et dorment dans les coulisses du vaste théâtre du monde et des passions humaines.

Mais le tambour bat-il le rappel, les trompettes sonnent-elles Aux armes! le canon fait-il retentir les explosions de sa voix formidable! tout à coup, se lèvent les grands capitaines, que la Providence tient en réserve pour le salut des régions qu'elle favorise, et leurs épées brillent comme les éclairs qui s'entrecroisent.

C'est ainsi que, pour soutenir le poids de cette guerre de Trente ans, naît à Paris, en 1621, Louis II, prince de Condé, qui deviendra bientôt le *grand Condé.*

Premier prince du sang, et connu d'abord sous le nom de duc d'Enghien, notre héros est fils de Henri II, prince de Condé, ami de Henri IV, qui le fit élever dans la religion catholique, et petit-fils de Louis Ier, prince de Condé, qui fut le chef du parti calviniste, se battit contre l'armée royaliste du duc d'Anjou, depuis Henri III, à la célèbre bataille de Jarnac, et y perdit la vie.

Louis II montre dans la carrière militaire un génie précoce et les facultés spéciales qui font le grand homme de guerre. « Il est né général, écrit quelque part Voltaire : l'art de la guerre est en lui un instinct naturel. »

Puisque nous citons ici Voltaire, disons de suite, également, que le prince de Condé, dont nous parlons, aura la bonne fortune d'avoir pour panégyriste le grand orateur Bossuet, lequel, dans l'*oraison funèbre* de ce prince, à son sujet fera le plus admirable morceau d'histoire militaire qu'il soit possible d'écrire.

C'est ainsi que, presque dans le même temps, en 1611, pour la gloire et la libération de notre patrie, naît à Sedan, le 11 septembre, Henri de Latour-d'Auvergne, vicomte de Turenne.

Il est le second fils de Henri de Latour-d'Auvergne, duc de Bouillon, et
d'Elisabeth de Nassau, fille de Guillaume Ier de Nassau, prince d'Orange.

Turenne, appelons-le simplement de
ce nom, fait ses premières armes,
comme volontaire, sous les ordres du
prince Maurice d'Orange, son oncle,
et devient capitaine en 1626, grade
dans lequel il sert quatre ans et se distingue au siége de Bois-le-Duc.

En 1631, sa mère le fait passer au
service de la France, et il est nommé
colonel.

On le remarque bientôt au siége de
Lamothe, près de Chaumont, dans
l'ancienne Lorraine. Cette ville passe
pour imprenable à raison de sa posi-
tion sur un rocher abrupte. Mais pour
la première fois on fait usage de la
bombe, et Lamothe est prise en 1634,
sur le duc de Lorraine, par le maréchal
de la Force.

Turenne devient alors maréchal de camp. Il fait la guerre en Allemagne, en 1636, et s'empare de Saverdun, après l'avoir assiégée.

En 1637, on le trouve en Flandre, où à la prise du château de Solre-sur-Sambre il mérite le grade de lieutenant-général.

Enfin, sous les ordres du duc de Weimar, il a une part brillante dans le siége de Brisach et dans les combats qui ont lieu à l'entour de la ville.

Envoyé en Piémont, en 1639, sous les ordres du maréchal d'Harcourt, c'est Turenne qui commande au combat de Chieri, et reçoit une blessure au siége de Turin, en 1640.

En 1643, il assiége et prend Trino. On lui donne à cette occasion le bâton de maréchal de France.

Et cependant notre héros compte à peine trente-deux ans.

Jusque-là, nos deux grands capitai-

nes ne se connaissent que de nom :
leur vie se passe à l'écart l'une de l'autre. Mais voici le moment où leurs faits
d'armes auront un même objectif, et
durant lequel ils combattront en unis-
sant leurs efforts. Nous verrons même
Turenne et Condé lutter dans les rangs
opposés : quelle sera la cause de cette
séparation ? L'histoire va nous le dire,
en déroulant ses pages.

Condé, dès son début à la cour, ma-
nifeste, à l'égard du tout-puissant
cardinal de Richelieu, ce caractère
d'opposition que le successeur de
Louis XIII pourra seul dompter. Aussi
le premier ministre le punit de son
manque de souplesse en lui faisant
épouser, par ordre exprès du roi,
Claire-Clémence de Maillé-Brézé, nièce
de Son Eminence.

A la mort de Louis XIII, Condé est
à l'armée, où l'on a besoin de services,
car, nous l'avons dit, la *Guerre de*

Trente ans est alors dans toute sa violence.

On appelle de ce nom la lutte, causée par le protestantisme des princes, réformée de l'Allemagne, contre les empereurs Ferdinand II, Ferdinand III et Léopold II, de 1618 à 1648, et qui finit par assurer aux réformes la liberté de conscience.

Cette guerre se divise en quatre périodes distinctes :

La première, ou période palatine, de 1619 à 1623, comprend la lutte de Frédéric V, électeur palatin, contre l'empereur Ferdinand II, dont il est le compétiteur.

La défaite de Frédéric, à Prague, anéantit ses espérances, en 1620.

La deuxième, ou période danoise, de 1625 à 1629, est marquée par l'intervention de Christian IV, roi de Danemark, dans les affaires de l'Allemagne.

Les victoires des généraux de l'empereur, Wallenstein, à Dessau, et Tilly à Lutter, obligent le roi de Danemark à signer la paix humiliante de Lubeck.

La troisième, ou période suédoise, de 1630 à 1635, est signalée par les conquêtes rapides du roi de Suède, Gustave-Adolphe, aussi ardent calviniste que grand capitaine.

Ce prince bat les impériaux à Leipsick, puis à Lutzen : mais il est tué à cette dernière bataille, et ce foudre de guerre s'éteint au milieu de sa victoire

Dans la quatrième, ou période française, de 1635 à 1648, la politique du premier ministre de Louis XIII, Richelieu, qui prête la main aux protestants, quoique cardinal de l'Eglise romaine, et qui leur vient en aide, a pour objet :

1º De ruiner insensiblement la puissante influence des calvinistes ;

2º De porter de rudes coups à la noblesse, et de l'annihiler ;

3º Et, surtout, d'abaisser la maison d'Autriche, rivale de la France !

Contre l'Autriche et l'Espagne, plus étroitement unies, Richelieu noue d'abord un solide faisceau d'alliances.

Ainsi, aux confédérés d'Allemagne qui lui remettent l'Alsace en dépôt, il promet douze mille hommes.

Il achète Bernard de Saxe-Weimar, le meilleur élève de Gustave-Adolphe, et son armée.

Il traite à Compiègne avec le chancelier de Suède, Oxenstiern, autre grand ministre, celui-là.

A Wesel, il traite de même avec le landgrave de Hesse-Cassel qui fournira des troupes en échange d'un subside.

Il traite, à Paris, avec les Hollandais pour le partage des Pays-Bas.

A Rivoli, avec les Suisses et les ducs de Mantoue, de Parme et de Savoie : à ce dernier, la Lombardie est promise.

Il essaie même de gagner le roi d'Angleterre, l'infortuné Charles, dont les sujets sont en révolte.

Voilà qui annonce l'extension que va prendre la Guerre de Trente ans, dans sa période française.

Et telle est la politique de Richelieu : porter la guerre sur nos frontières.

Aux Pays-Bas, pour les partager avec la Hollande ;

Sur le Rhin, pour couvrir la Champagne et la Lorraine, et saisir l'Alsace ;

En Allemagne, pour tendre la main aux Suédois et briser l'omnipotence de l'Autriche ;

En Italie, pour maintenir l'autorité des Grisons dans la Valteline et l'influence de la France dans le Piémont ;

Vers les Pyrénées, pour y conquérir le Roussillon ;

Sur l'Océan et la Méditerranée afin d'y détruire les flottes espagnoles, soutenir les révoltes du Portugal et de la Catalogne, et menacer les côtes de l'Italie !

Quel programme ! Et quel génie !

Le prétexte, car il faut toujours un prétexte, — nous en avons eu la preuve, nous, Français, M. de Bismark est là qui nous la rappelle, — le prétexte de la rupture est l'enlèvement, par les Espagnols, de l'archevêque de Trèves, qui s'est mis sous la protection de la France.

La guerre commence donc, et heureusement.

Châtillon et Brézé remportent, dans

les Pays-Bas, la victoire d'Avem, aux portes de Liége.

Aussitôt, les Espagnols, renforcés de dix-huit mille impériaux, et Piccolomini à leur tête, envahissent notre Picardie, pendant que notre armée est encore en Hollande. Ils franchissent la Somme et prennent Corbie. Paris est en émoi. Mais le peuple s'enrôle en masse. Louis XIII court rejeter les Espagnols hors des frontières et reprend Corbie.

Une semblable invasion tentée en Bourgogne, par Gallas et le duc de Lorraine qui s'avancent jusqu'à Dijon, a le même sort. Le comte de Rantzau force les impériaux à la retraite, et le duc de Saxe-Weimar les refoule dans la Comté.

Puis, en 1637, le cardinal de la Valette s'empare de Cateau-Cambrésis, dans la Haute-Sambre, de Maubeuge, de Landrecies.

L'archevêque de Bordeaux, Sourdis, amiral de Richelieu, qui aime à mettre le clergé dans les rangs de l'armée, détruit, en 1638, une flotte espagnole, à la hauteur de Fontarabie.

Alors, sur le Rhin, Bernard de Saxe-Weimar bat les impériaux à Rheinfeld, fait prisonnier leur général Jean de Werth, et emporte d'assaut Vieux-Brisach, après trois victoires.

L'Artois, qui est aux Espagnols, est envahi par les Français, en 1639. Trois maréchaux, la Meilleraye, Châtillon et Chaulnes, assiègent Arras. Les Espagnols, au nombre de trente mille, accourent pour délivrer cette ville. La bataille est livrée, les Espagnols sont écrasés, et Arras et sa province, enlevées à la maison d'Autriche, appartiennent désormais à la France.

La France combat aussi dans l'Italie. Le comte d'Harcourt remporte trois brillantes victoires, en 1640, à Casal, à Turin et à Ivrée.

L'Espagne cesse bientôt d'attaquer : n'a-t-elle pas à se défendre contre les Catalans et les Portugais, en pleine révolte ?

Toutefois, une armée française, commandée par La Mothe-Houdancourt, chasse les Espagnols de la Catalogne, pendant que Louis XIII s'empare de Perpignan, et annexe le Roussillon à la France.

Il est plus facile à cette heure de vaincre l'Autriche, dans l'Allemagne même, les Espagnols étant réduits aux abois. Dégagé par la diversion de la France, Banner, en 1636, avait battu les impériaux à Wittosck. Il les bat de nouveau à Chemnitz, en 1639, pénètre en Bohême, et, avec le secours du comte de Guébriant, est sur le point d'enlever Ratisbonne, en 1641, et avec Ratisbonne, la diète et l'empereur Ferdinand III, qui s'y trouvent. Un dégel subit met obstacle à ce coup de main. Par malheur, Banner, surnommé le *second Gustave-Adolphe*, meurt quelques mois après.

Torstenson le remplace et se rend célèbre dans toute l'Europe par de glorieuses victoires dans la Silésie et la Saxe, en 1641.

En même temps Guébriant s'avance audacieusement dans l'ouest de l'empire allemand, tandis que les Suédois l'attaquent par le nord-est. Il triomphe de Piccolomini à Wolfenbuttel, en 1641 ; de Lamboi, à Kempen, dans l'électorat de Cologne, en 1642, et donne la main à tous les mécontents de l'Allemagne.

C'est alors, en décembre 1642, que la mort vient frapper le cardinal de Richelieu, et l'envoie rendre ses comptes à Dieu. Il a vu réussir sa politique, et certes il peut s'applaudir de ses triomphes.

Le 14 mai 1643, Louis XIII suit son premier ministre dans la tombe.

Et, sans souci des trépassés, la Guerre de Trente ans continue sa marche et multiplie ses champs de bataille dans notre Europe occidentale.

La mort de Richelieu a rendu le courage aux Espagnols.

Ils reprennent l'offensive sur les limites de la Champagne, et ils assiègent Rocroy, sous la conduite d'un vieil hidalgo, don Francisco de Mellos. Ils ont pour objectif Paris, où ils espèrent arriver sans obstacle, d'abord parce qu'ils n'auront plus de ville forte pour les arrêter, et puis parce que l'armée qu'on leur opposera sans doute ne peut être qu'inférieure en nombre à la leur.

En effet, voici venir, avec une petite armée, un général de vingt ans!

Mais ce général a nom Louis de Bourbon, duc d'Enghien en ce moment, et plus tard Condé, le grand Condé.

Rocroy, dans les Ardennes, au milieu d'une grande plaine boisée, a été fortifiée par François Ier, en 1547. Henri II l'a agrandie. Condé va l'illustrer.

On est au 16 mai 1643, deux jours après la mort de Louis XIII.

La veille de l'engagement des deux armées espagnole et française, le jeune capitaine dort si profondément, durant toute la nuit, que, le matin venu, il faut le réveiller non sans efforts.

Enfin le voilà debout, notre Condé. On le voit qui porte de rang en rang l'ardeur dont il est animé; on le voit voler à la victoire ou à la mort.

De part et d'autre, les ailes, composées de cavalerie, fondent l'une sur l'autre, avant que les centres puissent

combattre. A la tête de l'aile droite,
Condé culbute la cavalerie qui lui fait
face, et voyant que l'aile gauche es
renversée par la cavalerie de Mellos, i
vole avec témérité derrière les lignes
espagnoles, prend à dos l'aile droite de
l'ennemi et la culbute à son tour. Mais
aux centres, la redoutable et lourde
infanterie espagnole, dont les gros ba-
taillons serrés semblent des forteresses,
commencent à lancer leurs feux. Après
en avoir fini avec la cavalerie, Condé
vient sur elle : il l'attaque, il l'entoure,
il la presse. Trois fois il est repoussé :
mais trois fois il revient à la charge, et
enfin il a raison de cette résistance. La
célèbre infanterie espagnole, que commande le vieux comte de Fuentès, est
enfoncée, et son brave commandant est
jeté mort à terre.

Condé est frappé à son tour de trois
coups de mousquet dans ses armes.
C'est alors qu'il fléchit le genou sur le

champ de bataille pour remercier le Dieu des armées, qui lui donne la victoire, et la France entière célèbre la victoire de Rocroy.

La bataille de Rocroy met encore en évidence, comme à Fornoue, la *furia francese*, l'une des grandes qualités de nos soldats; et certainement c'est à cette fougue impétueuse que le jeune duc d'Enghien doit le succès de ses armes.

Autre Alexandre, notre héros poursuit sa carrière victorieuse. Chaque année se signale par de nouveaux triomphes.

Débarrassé des Espagnols, il prend en courant Thionville le 16 août 1743.

Puis il marche contre l'Autriche et ses alliés d'Allemagne.

L'armée de Weimar vient de perdre, devant Rottwel, qu'elle a enlevé, son habile général Guébriant : alors, difficilement disciplinée, elle se laisse surprendre à Tuttlingen, dans le Wurtemberg, dans un engagement malheureux. Elle est battue, et Rantzau, son nouveau général, est fait prisonnier.

Turenne rassemble ses débris et les reconstitue. Condé lui envoie dix mille hommes et se présente lui-même. Ensemble, ils attaquent le Bavarois Mercy, sous les murs de Fribourg en Brisgau. D'abord, Condé reprend cette ville, dont Mercy s'est emparé, et afin de donner du cœur à ses gens par l'assaut, le brave capitaine lance son bâton de maréchal dans les retranchements, et à la tête des siens, court le reprendre l'épée à la main, à travers la mitraille qui pleut de toutes parts.

Puis la lutte continue dans la plaine, en trois journées, 3, 4 et 9 août 1644. Chaque fois, Turenne et Condé montrent la même bouillante valeur, en-

traînant à leur suite les Français élec-
trisés.

Mercy s'éloigne alors, s'avouant
vaincu, et laissant ses deux adversaires
s'emparer de Philippsbourg, de Worms
et de Mayence.

Certes, la défaite de Tuttlingen est
bien réparée !

Cependant, menacé par Mercy, qui
a refait son armée, Condé repasse le
Rhin et se rend en France pour jouir
des acclamations des foules. Il laisse
Turenne, avec la moitié de l'armée,
pour défendre la frontière, et celui-ci,
par d'habiles manœuvres, empêche le
général bavarois d'opérer sa jonction
avec le duc de Lorraine, et les tient
l'un et l'autre en échec.

L'année suivante, 1645, Turenne
passe le Rhin et s'avance par le Wurtemberg sur la rivière de Tanher, où
il essuie un échec. En effet, le général
Mercy s'étant rapidement avancé sur

l'armée française, Turenne est battu à
Marienthal, pour avoir commis la
faute de fixer le ralliement de ses
quartiers en avant de la ligne au lieu
de se concentrer en arrière de Mer-
gentheim.

Pendant ce temps, envoyé en Catalogne contre les Espagnols, Condé
échoue cette fois devant Lérida : mais
rappelé en Flandre, premier théâtre
de sa gloire, il répare le désastre pré-
cédent par la bataille de Nordlingue,
en 1645, et, en 1646, par la prise de
Dunkerque place qu'il donne le premier
à la France.

A cette bataille de Nordlingue, Turenne commande l'aile gauche de l'armée française. La droite et le centre
ayant été battus, Condé revient à cette
aile gauche, qui lui ramène la victoire.
Non-seulement les impériaux sont défaits, mais Mercy est tué dans cette
bataille.

Le prince de Condé ayant encore quitté l'armée, car sa santé l'éloigne du théâtre de la guerre, Turenne reste seul, et comme on ne lui envoie pas de renforts, tandis que l'archiduc Léopold, par sa jonction avec les troupes de Jean de Wert, successeur de Mercy, a presque doublé les siennes, il est obligé de repasser le Rhin. Il réussit cependant à couvrir les frontières et à reprendre Trèves.

Je ne vais pas vous dire ici les marches et contre-marches de notre grand capitaine, le long des bords du Rhin, ni son expédition sur le Danube, qu'il passe à Donawert, avec son armée et celle du général suédois de Wrangel, réunies en un seul corps.

Je ne dirai pas non plus son entrée, vers la fin de septembre de cette année 1646, en Bavière, où l'archiduc Léopold ne peut que suivre sa marche pour arriver au secours du pays. Le guerrier français oblige alors l'électeur de Bavière de conclure une convention par laquelle cet électeur s'oblige à la neutralité entre la France et l'Allemagne, et donne comme garantie la forteresse d'Ulm, Laningen, Gundelungen, Hoschslette et Donawert.

Sur ces entrefaites, Turenne reçoit l'ordre de passer en Flandre avec son armée. Il se met aussitôt en mouvement et arrive dans le Luxembourg. Mais il n'est pas plus tôt éloigné, que l'électeur de Bavière viole sa parole. Ses troupes se joignent à l'armée impériale. Les Suédois sont battus, repoussés au delà du Weser, et la ville de Worms est assiégée.

Turenne accourt et fait reculer les assiégeants : Worms est délivrée.

Alors, réuni au suédois Wrangel, successeur de Torstenson, le 4 novembre 1647, il gagne la bataille de Lavingen, et par sa tactique à la fois savante et hardie, jette les fondements d'une réputation militaire que le temps a'c-croît tous les jours.

Puis, dès le mois de février 1648, il passe le Rhin à Oppenheim, et se réu-nit à Gelnhausen, près de Hanau, à l'armée suédoise, avec laquelle il s'a-vance jusque sur la Rednitz. De là, se rabattant sur le Danube, il passe ce fleuve à Lauengen, le 15 mars. Obser-vant alors que l'armée ennemie ne se garde que négligemment, il marche rapidement sur elle. A sa vue, le géné-ral autrichien Mélander, qui commande les impériaux, se met en retraite. Mais son arrière-garde ayant été atteinte par les Suédo-Français, à Zusmars-hausen, il revient sur ses pas pour la soutenir. Montecuculli est à la tête de cette arrière-garde. Elle est dispersée, et l'armée impériale, battue, est rejetée derrière le Lech. Mélander perd la vie dans cette action, très chaude et menée vivement par Turenne.

Surprenant ensuite le passage du Lech à Rain, Turenne s'empare de Freysingen et du pont de l'Isar.

Alors la Bavière est abandonnée par les impériaux, et l'électeur est forcé de sortir de ses Etats, à l'âge de quatre-vingts ans, sous une pluie torrentielle qui grossit tout-à-coup les eaux de l'Inn. Turenne marchait sur Vienne. On agita même, paraît-il, au conseil de l'empereur, la question de la fuite de sa capitale pour Ferdinand III.

Cependant une nouvelle armée impériale, sous les ordres de Piccolomini, s'étant réunie sur l'Inn, Turenne se prépare à combattre de nouveau. Mais les succès du général suédois Konigsmarck en Bohême, où il s'empare de Prague, font tomber les plans de Piccolomini.

D'ailleurs, l'absence de Condé a rendu

le courage aux Espagnols, dans le Nord, et voici l'archiduc Léopold, frère de l'empereur d'Allemagne, qui s'avance peu à peu jusqu'à Lens, dans l'Artois. Condé semble revenir tout exprès pour le recevoir. Il apparaît en effet, et à sa vue les ennemis sont consternés.

Lens est une ville antique, assez voisine de Béthune et de Calais. La bataille s'engage près de là entre les Français et les impériaux. Condé tombe comme la foudre sur ces derniers, qui plient sous le choc. C'est plutôt un massacre qu'une victoire. En deux heures, le 10 août 1648, la bataille est gagnée.

Les Etats intéressés négociaient déjà depuis plusieurs années. Le canon de Lens décide l'empire d'Allemagne à signer, malgré l'Espagne, le *Traité de Westphalie*, l'une des gloires de la France.

On appelle paix ou traités de Westphalie les deux contrats signés dans
deux villes du cercle de Westphalie,
l'un à Osnabruck, le 6 août 1648, entre l'empereur et la Suède, l'autre à
Munster, le 8 septembre de la même
année, entre l'empereur et la France.

Par ces traités, l'Alsace — pauvre
Alsace perdue maintenant!... — l'Alsace reste à la France, au détriment de
l'Allemagne, ainsi que les Trois-Évê-
chés, Philipsbourg, Pignerol et Coni,
les clés de l'Allemagne et du Piémont.
La Suède obtient la Poméranie cité-
rieure, — en-deçà de l'Oder, — Brême,
Werden, Wismar, etc., troix voix aux
diètes de l'empire, et cinq millions
d'écus.

L'électeur de Brandebourg à Magde-
bourg, Halberstadt, etc.

La Saxe, le Mecklembourg et la
Hesse-Cassel sont indemnisées.

Et les Provinces-Unies, — la Hollande, sont reconnues indépendantes de l'Espagne, ainsi que les Cantons-Suisses, déclarés indépendants de l'empire.

Sur toutes choses, les gens de la réforme obtiennent, en dernier lieu, la liberté de conscience, et le droit de suivre leur culte à leur façon.

Nous avons vu que Richelieu mourait en 1642, et Louis XIII en 1643.

Le roi de France laisse deux fils en bas âge.

L'aîné, Louis XIV, qui lui succède, et le second, qui porte le titre de duc d'Orléans.

Le testament de Louis XIII donne le titre de régente à leur mère Anne d'Autriche. Mais il place le pouvoir suprême dans un conseil de régence, sous la présidence du prince de Condé, et la direction de l'abbé italien Jules de Mazarin.

Appelé en France par Richelieu en

1639, et créé cardinal en 1641, à la
mort de son protecteur, Mazarin hérite
de tout son pouvoir près de Louis XIII :
mais il n'a ni le vaste génie ni la force
extrême de Richelieu. Toutefois, il y
supplée par l'adresse, la souplesse et
l'habileté diplomatique.

« Le temps et moi ! » telle est sa
devise.

Au jour de la mort du redoutable
premier ministre, le cardinal de Richelieu, il s'est formé, dans Paris, à la
cour, un parti puissant, celui des gens
de la noblesse qui ont souffert avec et
par la reine, à cause de l'omnipotence
du cardinal, qui les a mis et tenus à
l'écart, lesquels ayant été exilés, dé-
possédés, enfermés pour la plupart,
arrivent droit à Anne d'Autriche, se
targuant de leurs souffrances par dé-
vouement pour elles, et sollicitant des
faveurs, des places, des dédommage-
ments, de l'argent, etc.

On donne à ce parti la dénomination de *Cabale des Importants*.

La reine-mère, qui n'a pas toujours été à l'aise sous Richelieu, les accueille à bras ouverts, en s'adressant au parlement qu'elle flatte et caresse, elle lui demande de casser le conseil de régence. Le parlement, enchanté de rentrer dans la vie politique d'où l'avait exclu le cardinal, s'empresse d'exaucer la prière de la reine, qui alors fait de Mazarin son premier ministre.

Aussitôt, on voit se pavaner, à la tête des importants, le duc de Beaufort, second fils du duc de Vendôme, et petit-fils de Henri IV et de Gabrielle d'Estrées, lequel va prendre bientôt le surnom de *roi des halles*.

Viennent après lui le jeune et brillant Marsillac, duc de la Rochefoucauld, auteur futur des *Maximes ;*

L'évêque de Beauvais, Potier, premier aumônier de la reine-mère, que

le cardinal de Retz ne craindra pas
tout-à-l'heure d'appeler la *bête mitrée*;

L'ancienne amie de la régente, la
duchesse de Chevreuse, rentrée à la
cour du Louvre, après un exil de dix
ans; et beaucoup d'autres encore.

Le but de ces personnages est de dé-
faire l'œuvre de Richelieu, qui a pour-
chassé la noblesse, et de faire restituer
aux grands tout ce que leur a enlevé
leur ennemi. Ils espèrent donc gouverner seuls avec la régente. Mais quelle
est leur désillusion, quand ils voient
Mazarin appelé aux affaires! Ils lui
font alors, sans transition, et à la reine-
mère, une guerre acharnée d'intrigues
et de pamphlets. Ils vont même plus
loin, car on découvre un complot dont
le programme menace la vie du nouveau premier ministre.

Pour mettre un terme à cet état de
choses, Mazarin, qui a été aussi géné-
reux dans ses dons qu'il était possible,

à son tour commence à recourir à l'exil et à la prison.

Le duc de Beaufort est enfermé dans le donjon de Vincennes;

La duchesse de Chevreuse et d'autres sont renvoyés à leurs maisons des champs;

Et l'évêque de Beauvais relégué dans son diocèse.

Ainsi tombe d'elle-même la Cabale des Importants.

Alors la France, la paix de Westphalie ayant lieu, jouit de l'heureux temps de l'*âge d'or*, selon l'expression de l'époque.

Mais comptez donc sur la stabilité des choses de la terre!... Le repos et le bonheur ne sont pas de ce bas monde, hélas!

En effet, huit jours à peine se sont écoulés depuis la belle victoire de Lens, et voilà qu'il se fait, dans Paris, une nouvelle *Journée des Barricades*.

Le dernier règne léguait à la régente et à Mazarin d'immenses embarras financiers. Il avait fallu des sommes énormes pour la guerre à l'étranger : il avait fallu d'autres sommes presque aussi considérables pour gagner les Importants et leur donner des pensions : il en avait encore fallu pour le premier ministre lui-même, qui était pauvre et tenait à se faire riche. Or, le trésor royal étant à sec, le surintendant des finances, un autre Italien, Eméri, imagina de battre monnaie par de nouveaux impôts, et, afin de fermer la bouche aux membres du parlement, il ne trouva rien de mieux que de les exempter de la taxe.

Refus du parlement qui rend un *arrêt d'union* avec les autres cours judiciaires du royaume, prenant ainsi la place des Etats généraux pour la fixation des impôts et la réforme de l'Etat.

Grande colère de Mazarin, qui se décide à frapper le parlement.

Donc, le jour même où l'on chante un *Te Deum*, à Notre-Dame, pour remercier Dieu des grands succès de Lens, alors que les Suisses apportent triomphalement à l'autel soixante-seize drapeaux pris sur les ennemis, en plein midi, au son des cloches, au bruit du canon, en présence des foules qui débordent dans toutes les rues de Paris, parmi les membres en grand costume du parlement qui viennent d'assister à la cérémonie, des agents de police s'emparent violemment des plus opiniâtres de ces magistrats.

Blancménil d'abord, qui est pris à l'improviste, est enfermé dans une voiture.

Charton ensuite, piètre personnage, borné, vulgaire, et très-connu sous le sobriquet de président : *Je dis ça!...* qui est le mot du commencement et de la fin de tous ses discours, lequel Charton trouve moyen de s'esquiver dans la foule.

Et Broussel, un vieillard à barbe blanche, dont l'âme est ulcérée contre le premier ministre, qu'il poursuit toujours de ses invectives.

Par malheur, la vieille domestique de ce Broussel se trouve là, et par ses cris et ses injures, elle ameute le peuple.

Soudain, les boutiques sont fermées; les chaînes des rues, qui servent de barrières, sont tendues; on entend hurler partout : Broussel et liberté! Toute la ville est en armes, pauvres armes! mais la rébellion rugit tout le jour; elle rugit et s'organise durant toute la nuit.

Le lendemain, le parlement en corps sort de son palais et se dirige vers le Palais-Royal, où est la reine-mère. Les barricades s'ouvrent devant lui :

ces barricades sont dressées jusqu'aux portes de ce Palais-Royal. Là, les magistrats libres redemandent les magistrats emprisonnés : la reine se refuse à faire droit à cette réclamation.

Au retour du parlement, le peuple furieux entoure le groupe, qui ne s'avance qu'avec peine. Il se trouve alors un marchand de fer, capitaine de quartier, qui saisit Mathieu Molé, le premier président, et le menaçant d'un pistolet, lui dit avec rage :

— Retourne, traître, et si tu ne veux être massacré, toi et les tiens, ramène-nous Broussel, ou Mazarin en otage.

Puis la plus vile populace saisit la longue barbe du vieillard, et on parle même de l'égorger.

— Quand vous m'aurez tué, leur répond Mathieu Molé, il ne me faudra que six pieds sous terre...

Et le vénérable vieillard écoute cette

vile multitude, qui vomit exécrations et blasphèmes, et rentre au Palais-Royal, lentement et à petits pas.

La reine cède enfin, et fait relâcher les prisonniers. Aussitôt Paris reprend tout son calme.

Telle est l'origine, et tels sont les débuts de cette guerre civile qui a nom *Guerre de la Fronde.*

Or, ce nom lui vient de ce que, dans les fossés de l'enceinte des murs de Paris, assez près de la porte Saint-Honoré, et juste à l'endroit où se trouve la *rue des Frondeurs*, qui a pris son nom de cette circonstance, des bandes d'enfants, tapageurs comme ils le sont tous, surtout les enfants du peuple de Paris, descendaient à leurs heures de loisir, et se battaient à coups de *frondes.*

Ces petites guerres d'enfants en vinrent à un tel point, que le parlement finit par rendre un arrêt qui prohiba

cet amusement dangereux, car il y
avait souvent des enfants de blessés,
quelquefois même de tués.

Un jour que le président, parlant selon le désir de la cour, opinait, son fils,
qui était conseiller, s'écria :

— Quand ce sera mon tour, je *fron-
derai* bien l'opinion de mon père...

Depuis, on nomme *frondeurs* ceux
qui sont contre la cour, et, de nos jours
ceux qui blâment, vitupèrent, en un
mot, frondent une opinion qui n'est pas
la leur, ou une manière d'agir qu'ils
désapprouvent.

Du reste, il y a deux guerres de la
Fronde:

La première, de 1648 à 1649, n'est
qu'une guerre mesquine de barricades,
de pamphlets, de chansons, de taqui-
neries plus ou moins violentes, et cependant on l'appelle la *Grande Fronde*,
la *Fronde parlementaire*, à raison des
incidents dont nous avons parlé.

La seconde, dite *Jeune Fronde, Petite Fronde, Fronde des Princes,* est plus sérieuse et plus longue, car elle dure de 1650 à 1655.

A la tête de l'émeute qui a suivi l'arrestation de Blancmesnil, Charton et Broussel, se trouvait Paul de Gondi, neveu et coadjuteur de l'archevêque de Paris, mais plus connu sous le nom de cardinal de Retz. Il fait du bien aux gens du peuple, et ne dispose à son gré. On l'a vu se présenter à la reine-mère et lui intimer l'ordre de renvoyer ses prisonniers, à quoi la ré-gente lui répond par un soufflet. Cet homme dépense des sommes folles, et en échange reçoit la servilité de bien des gens.

Naturellement, dans ces dispositions, Paul de Gondi se met à l'œuvre, dans la Grande Fronde, dont il devient l'âme.

Aussi lui donne-t-on le surnom de

petit Catilina, par allusion aux intrigues remuantes et malsaines du grand
Catilina, le fléau de l'ancienne Rome.

Mais il n'est pas seul entre les me-
neurs. Il a pour auxiliaire le duc de
Beaufort, l'idole de la populace, le *roi
des halles*, comme on le désigne, parce
qu'il en parle le langage.

Il a pour auxiliaires le prince de
Conti et le duc de Longueville, l'un
frère, et l'autre beau-frère du grand
Condé.

Il a pour auxiliaires le vicomte de
Turenne, notre héros, qui est entraîné
dans le parti par un fol amour pour la
duchesse de Longueville ;

Et puis le duc de Bouillon, son frère,
et bien d'autres encore.

Anne d'Autriche et Mazarin ont
pour eux Gaston d'Orléans, oncle de
Louis XIV,

Et le grand Condé.

Avec ces deux princes et le cardinal-ministre, à la suite des barricades, la régente s'est retirée au château de Saint-Germain-en-Laye.

De là, elle envoie Condé faire le siége de Paris.

Excité par Paul de Gondi, le parlement lance un édit de proscription contre Mazarin, à titre d'ennemi de l'Etat.

Alors, le même Paul de Gondi, qui est titulaire de l'évêché de Corinthe, s'avise de lever un régiment à ses frais. On ne manque pas de lui donner le nom de *Régiment de Corinthe*. Chacun se taxe pour suivre cet exemple, et arme des troupes. Mais le peuple se refroidit bientôt pour une guerre où tout devient matière à plaisanterie.

Le régiment de Corinthe court à son baptême de feu, car n'oublions pas que Condé assiége Paris. Mais il est battu par le parti royaliste, et battu à plate couture. Cette défaite s'appelle aussitôt *la Première aux Corinthiens*, par allusion aux épîtres de saint Paul au peuple de Corinthe.

Une autre fois, l'humeur belliqueuse s'empare des Parisiens. Assurés à l'avance de la victoire, ils se couvrent de rubans, de devises et de fleurs, et les voilà sortant de Paris pour aller attaquer les lignes de Condé.

Mais ils se font battre cruellement à Charenton, et rentrent dans leur ville accablés de railleries.

Pendant ces tristes démêlés, les Espagnols, qui sont à l'affût d'un moment favorable, envahissent notre pauvre France.

Aussitôt, les partis se rapprochent. Le président Mathieu Molé, afin d'empêcher l'étranger de profiter de nos discordes civiles, outrepasse le mandat qu'il a reçu du parlement, et signe, avec Mazarin, *la paix de Rueil*, près de

Paris, en mars 1649, ce qui met fin à la grande Fronde.

Mais de nouveaux conflits sont bien à craindre.

En effet, en retour de ses services, voici que notre grand Condé demande, pour ses amis, des gouvernements et des places fortes. Refusé par Mazarin, il se rallie, avec un parti nouveau, le *parti des Petits-Maîtres*, aux Frondeurs, ses ennemis naguère. Mais soudain, contre toute attente, il est arrêté par surprise, avec Conti et Longueville, en janvier 1650, et on les conduit au Havre.

Gaston d'Orléans, jusque-là dévoué à la cour, se met alors à la tête des mécontents et commande la seconde guerre de la Fronde.

Cette nouvelle insurrection gagne les provinces et devient générale, si générale que la régente est obligée de céder. Elle rend la liberté aux trois princes, comme elle avait dû faire jadis pour les trois membres du parlement ; et, de plus, elle sacrifie le cardinal de Mazarin, qui se retire à Cologne, en 1651.

Mais bientôt la discorde se met entre les chefs de la Fronde, Paul de Gondi et le prince de Conti. Anne d'Autriche en profite pour rétablir son autorité, et rappeler Mazarin.

A son tour, le grand Condé se voit proscrit par le parlement. Aussi quitte-t-il Paris, et s'empresse-t-il d'aller soulever la Guyenne et le Poitou.

Turenne, au contraire, qui, en 1652, a été vaincu à Rethel, en Champagne, lorsqu'il servait le parti des princes, rentre dans le devoir, et offre ses services à la reine-mère, dont il devient dès-lors le plus ferme appui.

Condé, victorieux à Bléneau, se trouve en mesure, par une manœuvre hardie, d'enlever la régente, le jeune

roi et le premier ministre. Mais Turenne, devenu son adversaire, après
avoir tant de fois combattu à ses côtés,
Turenne sauve la cour par un double
succès, à Gien et à Etampes.

Peu de jours après, les deux rivaux
se livrent, aux portes mêmes de Paris,
le *Combat du faubourg Saint-Antoine.*
On est alors en juillet 1652. Turenne
triomphe. Ses troupes ont le dessus et
chantent déjà victoire, quand tout-à-
coup le canon gronde, et les boulets
viennent tracer parmi elles des sillons
sanglants. C'est mademoiselle de Mont-
pensier, fille de Gaston d'Orléans, in-
trépide frondeuse, qui, venue en toute
hâte à la Bastille, fait tirer son artille-
rie sur les troupes du roi.

Cependant, Condé put rentrer dans
Paris, et le parlement au mépris d'un
roi majeur, confie la lieutenance générale au rebelle.

Mazarin quitte de nouveau la France,

en 1652, afin d'enlever tout prétexte à la révolte, toute légalité à un pouvoir usurpé : mais il laisse l'une de ses créatures, Le Tellier, pour diriger les affaires pendant son absence.

Par bonheur, la reine-mère, le 21 octobre de la même année, après s'être réconciliée avec Paul de Gondi, rentre dans Paris, avec le roi. Et alors, à peine est-elle maîtresse du pouvoir, qu'elle fait arrêter le coadjuteur et rappelle Mazarin, qui redevient tout-puissant.

Condé, qui veut la guerre ou l'autorité, se jette dans le parti des Espagnols : mais alors le parlement le frappe d'un arrêt de mort.

Cette fois le parlement a voulu flatter la cour : hélas ! son autorité cesse et fait place au pouvoir royal, car le moment est venu où Louis XIV s'écrie, en s'adressant à ses membres :

— L'Etat, c'est moi

Quels déboires pour Condé, cependant, de se trouver avec les Espagnols contre sa patrie! Il voit bientôt qu'une certaine défiance le soumet aux généraux, et ne lui laisse le plus souvent qu'à réparer les fautes d'autrui. Ainsi, l'armée espagnole, attaquée dans ses lignes au siége d'Arras, en 1654, eût été anéantie, si Condé n'eût protégé sa retraite.

Il advint bientôt que les Espagnols ayant été complètement défaits à la bataille des Dunes, Philippe IV, roi d'Espagne, demanda enfin la paix, en 1659.

Le *traité des Pyrénées*, signé dans l'île des Faisans, sur la Bidassoa, entre la France et l'Espagne, compléta la paix de Westphalie, donna à Louis XIV la main de Marie-Thérèse, fille du roi d'Espagne, et des droits à la couronne de ce pays.

En même temps Condé rentra en grâce et reparut à la cour en 1662.

Il n'y joua pas un rôle inutile, non plus que Turenne, non plus que le duc de Luxembourg, et l'ingénieur Vauban.

Le grand siècle de Louis XIV commence, en effet, par une guerre avec l'Espagne, précisément à cause des droits de Marie-Thérèse sur les Pays-Bas espagnols, son père Philippe IV venant de mourir en 1665.

Trois années appuient les prétentions du jeune roi de France. Elles sont commandées par le prince de Condé, Turenne, Luxembourg et Créqui.

François-Henri de Montmorency-Boutteville, duc de Luxembourg, est né en 1628, du fameux Boutteville, décapité par Richelieu pour s'être battu en duel. D'abord aide-de-camp de Condé il se distingue près de lui à la bataille de Lens, et, à vingt ans, gagne le grade de maréchal-de-camp.

C'est avec de tels généraux, et une armée magnifique, où règne l'abondance, que Louis XIV entre dans la Flandre. Cette campagne ressemble au voyage d'une cour. Lille seule résiste pendant neuf jours.

L'hiver venu, Condé concentre ses troupes en Bourgogne. Puis, le 2 février 1666, atteint Louis, avec ses habiles généraux, fait la conquête de la Franche-Comté en vingt jours.

Succède la guerre de Hollande. Luxembourg alors commande en chef. Il prend Groot, Deventer, Campen, etc., écrase les armées des États, près de Lodegrave et de Woërden, et opère en 1673 une retraite savante qui est admirée des ennemis eux-mêmes. Aussi est-il fait alors maréchal de France.

Remis, après dix ans d'inaction, à la

tê'e des armes de Louis XIV, Luxembourg, gagne les batailles de Fleurus,
en 1690, de Steinkerque, en 1692, et
de Nerwinde, en 1693.

Epuisé par les fatigues de la guerre,
il mourait à Versailles en 1695.

Issu de la famille des Montmorency,
il avait épousé, en 1661, l'héritière de
la maison de Luxembourg-Piney, et
depuis il avait joint, à son nom et à
ses armes, le nom et les armes de Luxembourg.

Qu'il est fécond en grands capitaines, le siècle du grand roi !

C'est Créqui, c'est Boufflers, c'est
Montesquieu, c'est Vendôme, c'est
Villeroi, c'est Berwick, dont les noms
se présentent instantanément à mon
appel, comme à une revue de gloire
et d'honneur. Mais, hélas! l'espace
manque et ne permet pas de s'étendre
à leur rayonnement d'illustre renom-
mée. Aussi, après les avoir nommés,

suis-je contraint de signaler à peine encore deux des plus fameux, Villars et Catinat.

Catinat, qui, né à Paris en 1637, quitte le barreau pour les armes, devient rapidement lieutenant-général, en 1686, et triomphe du duc de Savoie, à Staffarde d'abord, en 1690, et à la Marsaille ensuite, en 1693.

Le bâton de maréchal de France est le prix de ses exploits.

Placé une seconde fois au commandement des armées françaises, en Italie, il doit combattre le prince Eugène. Mais le déplorable état de son armée, le manque d'argent et de subsistances paralysent ses efforts, et il éprouve des échecs qui amènent une disgrâce en 1701. Catinat subit en philosophe cet injuste traitement, et fuyant la cour, il vit dans la retraite en pratiquant toutes les vertus. Il meurt en 1712.

Louis-Hector, marquis, puis duc de Villars, naît à Moulins, en 1653.

Il se signale, fort jeune encore, au passage du Rhin, au siége de Zutphen, à la bataille de Senef, en 1674.

Après une courte et heureuse carrière diplomatique, il reprend les armes, et est envoyé en Lombardie, où Villeroi l'abreuve de dégoûts.

En 1702, il commande en chef pour la première fois. Après avoir passé le Rhin à Huningue, il opère dans le Brisgau et la Forêt-Noire.

Il bat le prince de Bade à Friedlingen, près de Huningue, et, sur le champ de bataille même, Villars est salué du titre de maréchal de France.

Villars fait de même, avec gloire, les campagnes de 1705, 1706 et 1707 contre Marlborough. Il force en 1707 les fameuses lignes des impériaux à Stollhofen, près de Strasbourg; pénètre au cœur de l'Allemagne et conçoit le

plan hardi de se joindre à Charles XII,
alors en Saxe, plan que l'or de Marl-
boroug empêche de réussir.

En 1709, il remplace Vendôme à
l'armée du Nord, et au moment de
vaincre à Malplaquet, il est blessé et se
voit enlever la victoire.

Louis XIV, qui l'a créé duc, le nomme
pair de France.

En 1712, Villars sauve sa patrie par
la célèbre victoire de Denain, sur le
prince Eugène. Cette victoire est sui-
vie des traités d'Utrecht et de Ras-
tadt.

En 1733, Louis XV lui donne le titre
de maréchal-général et l'envoie en
Italie. Là, Villars s'empare du Milanais
et du duché de Mantoue.

Mais la mort le suivait de près, et
l'atteignait à Turin, en 1734.

Cependant l'invasion de la Hollande
par la France, en 1667, a donné lieu à

une coalition générale de toute l'Europe contre Louis XIV.

Louis évacue la Hollande, mais tient tête à toute l'Europe.

D'abord le grand Condé bat Guillaume, prince d'Orange, à Senef, dans le Hainaut, et c'est là son dernier fait d'armes.

Ensuite, la même année, Turenne met le comble à sa gloire dans la campagne d'Alsace. Quatre armées, commandées par le duc de Lorraine, Caprara, Bournonville et l'électeur de Brandebourg, devaient se réunir pour enlever cette province. Avant leur jonction, Turenne, vainqueur des impériaux à Sintzheim, pénètre dans le Palatinat, et avec vingt mille soldats contre trente-cinq mille, gagne la bataille d'Ensisheim. Toutefois ces succès doivent lui être lourds, car pour les obtenir, il incendie quatre cents villes et villages. Il est vrai que les paysans,

par vengeance, brûlent les églises avec
les Français qui campent sous leurs
voûtes. Oh! que c'est une horrible
chose que la guerre! Quand on pense
que le vainqueur de Heidelberg, Mélac,
dont le nom est encore en exécration
dans cette ville, laissait ses soldats
jouer aux quilles avec les ossements
des empereurs germaniques enlevés
aux cathédrales des bords du Rhin!...

Donc Turenne dévaste le Palatinat.
Mais, après la bataille d'Ensisheim,
quand l'électeur eut rallié les débris de
son armée, Turenne recule en Lorraine. C'est une feinte, car au cœur de
l'hiver, il repasse les Vosges à l'improviste, tombe sur les ennemis et
conquiert l'Alsace par les deux victoires
de Mulhouse et de Turckheim.

Hélas! notre héros meurt dans la
campagne suivante, au champ d'honneur, atteint par un boulet de canon,
et emporte les regrets et l'admiration

des siens et de ses ennemis, confondus dans une même douleur. Fatale année 1675!

Après sa victoire de Senef, notre Condé passe ses derniers jours dans sa charmante retraite de Chantilly, cultivant les lettres, et conversant avec Racine, Boileau et Molière.

Il meurt en 1686, et c'est alors que la voix éloquente de Bossuet pleure et prie sur la tombe de l'incomparable grand capitaine.

Je dois ne pas omettre ici un des grands hommes qui glorifient l'époque de Louis XIV.

C'est de Vauban que je veux parler.

Sébastien Leprestre de Vauban n'est pas un de nos grands capitaines, mais en qualité de célèbre ingénieur, il a prêté la main à nos plus illustres hommes de guerre.

En effet, à Vauban, né d'une famille

noble, mais pauvre, et qui s'enrôla comme volontaire, à dix-sept ans, dans les troupes du grand Condé, est due toute une transformation dans l'art des fortifications.

Jusqu'à Vauban, les places de guerre avaient conservé leurs hautes murailles, avec mâchecoulis, poternes, courtines, remparts élevés à une certaine altitude, de manière à envelopper les villes comme d'un manteau de pierre, et à les dissimuler aux regards. Telle est encore notre ville d'Avignon.

Mais ces hautes murailles d'une place de guerre étaient excellentes à l'époque où les armées se servaient de flèches, d'arbalètes, etc. L'invention de la poudre et l'emploi du canon les rendaient désormais inutiles.

Vauban imagina des remparts à fleur de terre, lesquels, construits en zig-zags, et se trouvant dissimulés par des accidents de terrain ménagés tout ex-

près, ne pouvaient être vus de l'ennemi. Il les borda de canons protégés
par des embrasures, lesquelles bouches
à feu croisaient leur tir de façon 'à ba-
layer à grande distance l'approche sur
les routes ou les campements des troupes ennemies.

Aussi, quand on put apprécier le
terrible désordre que ce nouveau sys-
tème de défense pouvait répandre sur
les armées, tout en protégeant admira-
blement les places de guerre, Vauban
reçut le brevet de lieutenant, en 1655,
et le titre d'ingénieur.

Dès l'âge de vingt-cinq ans, c'est lui
qui dirige les siéges de Gravelines,
d'Oudenarde, d'Ypres, etc. Il accompa-
gne Louis XIV dans toutes ses campagnes et a part à tous les succès.

Il prend Douai en 1667, et il y est
blessé à la joue. Il prend Lille, qu'il
fortifie à sa manière. Il fait de Dunkerque un port de guerre. Il conduit les

siéges de la Hollande, s'empare de Maëstricht, met toutes les côtes en état de défense, et, en 1674, est nommé brigadier-général des armées.

Dans la campagne de 1677, on lui doit la prise de Valenciennes et de Cambrai.

Nommé commissaire-général des fortifications, il prend la direction de toutes les forteresses de France, et élève les nouvelles places fortes de Strasbourg, Maubeuge, Longwy, Sarrelouis, Thionville, Haguenau, Huningue, Kehl, Landau, qui formaient comme une ceinture autour de nos frontières.

Il assura ainsi le salut de la France dans la campagne de 1683. Il prit, en outre, Mons, Namur, Steinkerque, et, en 1703, reçut le bâton de maréchal de France.

C'est ainsi que Vauban fit faire d'immenses progrès à l'art des siéges et des fortifications. Il perfectionna les parallèles, imagina les cavaliers de tranchée, le tir à ricochet, changea la marche des sapes, etc.

D'un caractère noble et désintéressé, plein de franchise il ne craignait pas de contredire le grand roi, même en matière politique.

C'est d'après ses avis que Louis XIV créa l'ordre de Saint-Louis.

Aussi charitable que modeste, Vauban soulagea autour de lui bien des misères qui n'osaient s'avouer.

Il passa ses dernières années dans la retraite, occupé d'objets d'utilité publique, et mourut en 1707.

MORT DE LOUIS XIV

(1715)

En 1715, le palais de Versailles
n'était plus habité que par un vieillard et un enfant. Le vieillard c'est
Louis XIV, l'enfant sera Louis XV.
Des maladies mystérieuses avaient lar-
gement moissonné cette belle famille
de France, dans laquelle le roi se
voyait et se sentait revivre. Le grand
siècle était fini, les gloires avaient
disparu, et Louis XIV comprit que
lui-même approchait de sa dernière
heure. Il s'y prépara sur-le-champ et
reçut la mort avec cette hauteur
et cette imperturbable majesté que
soixante-douze années de règne n'a-
vaient pas affaiblies. Le 25 août, les
médecins se déclarèrent impuissants à

lutter contre le mal, et ne cachèrent
pas au roi le danger où il se trouvait.
Louis défendit cependant qu'on chan-
geât rien à l'ordre accoutumé de la
journée ; mais le soir, se sentant encore
plus faible, il voulut se confesser et
reçut l'extrême-onction de la main du
cardinal de Rohan. Le cardinal dit
deux mots au roi sur cette grande et
dernière action, pendant laquelle « le
roi parut très ferme, mais très pénétré
de ce qu'il faisait (1). »

Le lendemain, il ordonna de laisser
venir près de lui tous ceux qui avaient
leurs entrées. « Messieurs, leur dit-il,
je vous demande pardon du mauvais
exemple que je vous ai donné. J'ai
bien à vous remercier de la manière
dont vous m'avez servi, et de l'atta-
chement et de la fidélité que vous m'a-
vez toujours marqués. Je suis bien
fâché de n'avoir pas fait pour vous tout

(1) Mémoires de Saint-Simon.

ce que j'aurais bien voulu faire, les
mauvais temps m'en ont empêché. Je
vous demande pour mon petit-fils la
même application et la même fidélité
que vous avez eues pour moi. C'est un
enfant qui pourra essuyer bien des tra-
verses ; que votre exemple en soit un
pour tous mes autres sujets. Suivez
les ordres que mon neveu (1) vous
donnera ; il va gouverner le royaume,
j'espère qu'il le fera bien... Je sens
que je m'attendris et que je vous attendris aussi, je vous en demande pardon.
Adieu, Messieurs, je compte que vous
vous souviendrez quelquefois de moi. »

Peu de temps après, le roi pria la
duchesse de Ventadour de lui amener
le Dauphin. Il le fit approcher et lui
adressa ces nobles paroles, qui étaient
la condamnation de certains de ses
actes, et pourraient presque leur servir

(1) Le duc d'Orléans, nommé président du conseil
de régence.

d'excuse : « Mon enfant, vous allez
être un grand roi; ne m'imitez pas
dans le goût que j'ai eu pour les bâti-
ments, ni dans celui que j'ai eu pour
la guerre. Tâchez au contraire d'avoir
la paix avec vos voisins. Rendez à Dieu
ce que vous lui devez, reconnaissez
les obligations que vous lui avez.
Faites-le honorer par vos sujets, suivez toujours les bons conseils, tâchez
de soulager vos peuples, ce que je suis
malheureux pour n'avoir pu faire...
Mon cher enfant, je vous donne ma
bénédiction de tout mon cœur. »

Louis XIV était prêt, mais la mort
arrivait lentement. Un instant même
on eut quelque espoir de guérison. Un
charlatan fit prendre au roi un élixir
qu'il prétendait merveilleux. Le malade
parut en effet reprendre des forces; le
bruit en courut de tous côtés, et les
appartements du duc d'Orléans, que la
foule des courtisans remplissait « au

point qu'une épingle n'y serait pas tombée à terre (1), » furent vidés en un clin d'œil.

Mais le mieux ne se soutint pas, la tête du roi s'embarrassa ; il reconnaissait à peine ceux qui l'entouraient, et, après une longue agonie, il expira le 1er septembre, à huit heures du matin. Il avait soixante-dix-sept ans.

Quelques jours après, son corps reposait à Saint-Denis, et Massillon, le successeur des Bossuet et des Bourdaloue, pouvait prononcer devant la tombe de Louis-le-Grand ces mots qui resteront à jamais célèbres : « *Dieu seul est grand, mes frères* (2) ! »

(1) Saint-Simon, Mémoires.
(2) Oraison funèbre de Louis XIV.

FIN.

Limoges. — E. ARDANT ET Cie.

www.ingramcontent.com/pod-product-compliance
Lightning Source LLC
Chambersburg PA
CBHW070917280326
41934CB00008B/1763